Dieses Buch gehört:

....

ISBN 978-3-86606-501-7

Konzept und Texte: Hanna Sörensen
Illustrationen: K. Johanna Fritz
Lektorat: Miriam Ferdinand
Gestaltung und Satz: D-to-B, Hamburg

Printed in Germany

Spiel und Spaß
für kleine Hexen

Texte von Hanna Sörensen
mit Bildern von K. Johanna Fritz

Nelson

Inhalt

Der Frühjahrsputz

„Noch ein Brötchen?“, fragt Benny und reicht Aranka den Korb. Die Hexe Aranka und ihr bester Freund, der Biber, frühstücken auf dem Deck ihres Hausbootes. „Was für ein schöner Tag!“, meint Benny. „Was wollen wir heute machen? Fußball spielen? Oder zum Hexenjahrmarkt fliegen?“ Aranka schüttelt den Kopf. Sie zeigt auf die Bullaugen des Hausbootes, die dicht mit Spinnweben und Staub bedeckt sind. „Heute ist genau der richtige Tag, um mal ordentlich sauber zu machen“, sagt sie energisch. Benny verschluckt sich an seinem Frühstücksbrötchen. „Sauber machen?“, keucht er. „Frühjahrsputz? Bei dem schönen Wetter?“ Aranka springt auf und wischt mit dem Ärmel über die Scheibe in der Tür. Eine schmierige Spur zieht sich über das Glas und ihr Ärmel ist schwarzbraun vom Schmutz. „Guck dir das doch mal an!“, schimpft sie. „So ein Saustall! Wann haben wir das letzte Mal gründlich geputzt?“

Benny überlegt. „Hm“, meint er, „das muss um die vorletzte Walpurgisnacht gewesen sein. Oder das Jahr davor?
Als du in den Putzeimer gefallen …“
„Jedenfalls ist es schon viel zu lange her“, schneidet Aranka ihm das Wort ab. An den Putzeimer möchte sie nicht erinnert werden. Sie räumt den Frühstückstisch ab: „Abrakadabra“, sagt sie und schwingt einen ihrer Zauberstäbe. Einmal, zweimal. „Tisch, räum dich ab!“
Mit einem lauten Knall zieht eine unsichtbare Hand das Tischtuch weg. Es klirrt und das Geschirr zerspringt in viele Scherben.
In einem Strudel aus Krümeln und Marmeladenspritzern verschwindet das zusammengeknüllte Tischtuch mit den Frühstückssachen unter Deck.

Aranka sammelt eine heruntergefallene Scherbe auf. „Ich mache das Boot lieber ohne Zauberei sauber“, beschließt sie. „Gute Idee!“ Benny ist erleichtert. „Wer weiß, was sonst noch alles kaputtgeht!“
Aranka geht nach unten und sucht die Putzsachen heraus: den Eimer, eine riesengroße Flasche Hexen-Putz-Blitz-Alles-Fix-Weg, die es auf dem letzten Hexenjahrmarkt zum Sonderpreis gab, und einen Putzlappen.

Schon bald hört Benny lautes Rumoren aus der Kajüte. „Frühjahrsputz!", schnaubt er. „Na ja, sie wird sich schon wieder beruhigen. Ich lasse mir auf jeden Fall nicht den Tag verderben!" Er macht es sich auf einer Liege an Deck gemütlich und genießt die warme Frühlingssonne.

Aranka schrubbt die Lampen und die Bullaugen. Sie räumt das Geschirr in den Küchenschrank, wirft angenagte Apfelreste und alte Holzspäne in den Abfall und sammelt alle Zauberstäbe ein, die in der Kajüte herumliegen. Sie poliert sogar die Klinken an den Türen, bis sie blinken und blitzen.

Benny schaut um die Ecke. Er sieht ein Weilchen zu, wie Aranka durch ddie Kajüte wirbelt.

Zum Schluss zieht sie den hellgrünen Zauberstab aus der Hosentasche. „Ich dachte, du wolltest ohne Zaubern putzen?", stichelt Benny.

„Nur ein Mal!", verteidigt sich Aranka. Sie fuchtelt mit dem Zauberstab. „Abrakadabra, sammle alles ein, was auf dem Boden liegt!", ruft sie. WUSCH! Augenblicklich werden alle Bücher, Joghurtbecher, Schuhe, Tücher, Holzscheite, Kräuterbündel und Bennys Schlafmütze unter das Bett gesogen. Der Sog ist so stark, dass er Aranka von den Beinen reißt. Benny klammert sich an den Türrahmen. „Fertig?", fragt er.

„Nein", sagt Aranka und zerrt am Riegel der Bodenluke. „Hilf mir mal!"

„Da unten willst du auch sauber machen?", fragt Benny entsetzt. „Das kann Jahre dauern!"

„Ach was!", meint Aranka. „Nur schnell durchwischen. Geht doch fix." Sie steigt mit den Putzsachen die Treppe hinunter. Unten zündet sie eine Laterne an. Jetzt kommen die klobigen Gegenstände zum Vorschein, die mit einer dicken Schicht Staub bedeckt sind. Arankas Blick fällt auf einen vergoldeten Mumiensarg. „Mit dem fange ich mal an", sagt sie. Sie pustet den Staub weg und wienert drauf los.

„Viel Spaß!", meint Benny. „Ich verschwinde." Gerade als er oben angekommen ist, hört er einen dumpfen Knall und einen verzweifelten Schrei.

Benny läuft zurück. Aus dem Mumiensarg schaut ein Zipfel von Arankas Hemd hervor. „Bist du da drinnen?“, fragt Benny zaghaft. „Ja!“, kommt die wütende Antwort zurück. „Plötzlich ging die Klappe auf. Ich muss irgendeinen Mechanismus ausgelöst haben. Keine Ahnung, was dann passiert ist. Jedenfalls stecke ich hier fest.“ Schaudernd denkt Benny daran, was noch in dem Mumiensarg sein könnte.

„Bist du …, bist du allein?“, fragt er vorsichtig.

„Natürlich bin ich allein“, schimpft Aranka.

„Wer soll hier sonst sein?“

„Niemand“, sagt Benny schnell.

„Ich hol dich jetzt raus.“

Er beugt sich vor, beißt kräftig zu und …

„Uuuhhh!“

„Was ist los?“, ruft Aranka aus dem Mumiensarg.

„Meine Zähne beißen das härteste Holz durch“, sagt Benny. „Aber das ist Stein!“

Für einen Moment ist es still.

Benny hört Aranka im Inneren des Sarges herumtasten.

„Da ist ein Loch“, stellt Aranka fest. „In Höhe des Bauchnabels. Holst du meinen Zauberstab?“
„Welchen denn?“, fragt Benny.
„Irgendeinen, Hauptsache schnell. Hier ist es ungemütlich!“
Benny rast nach oben und sieht sich um. Die Kajüte ist blitzsauber und aufgeräumt. Wo hat Aranka die Zauberstäbe hingelegt? Benny beginnt zu suchen. Endlich entdeckt er etwas Langes, Spitzes unter der Kommode. Er zieht es heraus und rennt wieder zurück.
„Achtung, hier kommt ein Zauberstab!“, sagt Benny.
„Der ist ziemlich spitz!“ Mühsam schiebt er den Stab durch die kleine Öffnung im Sarg. „Abrakadabra“, ruft Aranka drinnen. „Sarg, öffne dich!“ Doch nichts geschieht. Aranka tastet den Zauberstab ab.
„Benny!“, ruft sie. „Das ist kein Zauberstab. Das ist eine meiner Stricknadeln!“
„Oje“, seufzt Benny. Er läuft wieder nach oben.
„Warum sind wir nicht einfach zum Jahrmarkt geflogen?“, schimpft er. „Dann wäre das alles nicht passiert.“ Benny kramt im Schrank und in der Kommode, dann krabbelt er unter das Bett.

Ächzend zieht er alle weggezauberten Gegenstände wieder hervor. Schließlich entdeckt er Arankas Zauberstäbe in einer Pappschachtel unter dem Nachttisch. Damit hastet er wieder nach unten.
„Probier mal den aus“, sagt Benny und schiebt einen der Zauberstäbe durch das Loch im Sarg. Aranka befühlt den Stab im Dunkeln.
„Hm“, sagt sie, „mit dem mache ich sonst immer Feuer. Riecht etwas nach Rauch. Na gut: Abrakadabra. Sarg, öffne dich!“
Eine lilafarbene Flamme züngelt aus dem Mumiensarg.

Die vordere Hälfte klappt auf. Eilig klettert Aranka heraus. PENG! Krachend schließt sich der Sarg wieder.
„Das ist gerade noch mal gut gegangen!“, seufzt Aranka. Sie ist über und über mit Staub und Ruß bedeckt. „Danke, dass du mich gerettet hast!“
„Gern geschehen“, antwortet Benny. Erleichtert steigen die beiden die Treppe hinauf. „Was ist mit den Putzsachen?“, fragt Benny.
„Die bleiben unten“, bestimmt Aranka. Sie reibt mit dem Ärmel über ihre verschwitzte Stirn. Alles bleibt einheitlich schwarz: das Gesicht und der Ärmel. „Lass uns zum Hexenjahrmarkt fliegen“, schlägt Benny vor, „wenn du dich gewaschen hast.“
Aranka greift nach ihrem Besen. „Waschen?“, fragt sie entsetzt. „Nein! Wir fliegen jetzt los. Vom Putzen und Saubermachen habe ich erst einmal genug!“

Bennys Scherzfragen

„Was hat vier Beine und läuft trotzdem nicht weg?“, fragt Benny. „Hm …“, überlegt Aranka. „Ich hab’s: ein Stuhl! Aber ich beweise dir, dass Stühle doch laufen können!“ Sie schwingt den Zauberstab und schon galoppiert der Stuhl durchs Zimmer. „Stopp!“, ruft Benny, als der Stuhl über seine Hängematte springt. „Wir denken uns lieber noch mehr Scherzfragen aus!“

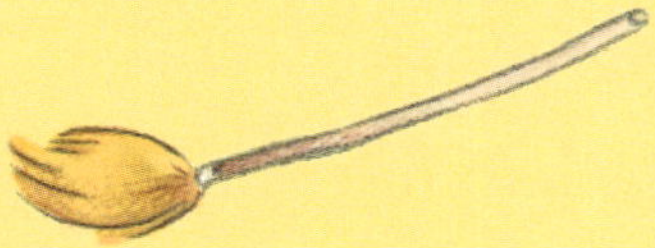

1. Mit welchem Besen kann Aranka weder fliegen noch fegen?

2. Welchen Stern sieht Benny niemals am Himmel leuchten?

3. Welche Schuhe trägt Aranka nicht an den Füßen?

4. Benny hat einen Ball, der nicht rund ist. Was kann das sein?

5. Autsch! Woran hat Aranka sich verbrannt? Weit und breit ist keine Flamme zu sehen …

6. Welches Pferd hat keine Beine und kommt dennoch gut voran?

7. Welche Birne kann Benny nicht essen?

1. Schneebesen, 2. Seestern, 3. Handschuhe, 4. Federball, 5. Brennnessel, 6. Seepferdchen, 7. Glühbirne

Der schnelle Blick

Jeder Spieler setzt sich so hin, dass er die Tiere in den Feldern gut erkennen kann.

Wer entdeckt den gesuchten Frosch? Über ihm ist das Eichhörnchen, unter ihm die Eule, links von ihm die Krähe und rechts vom Frosch ist ein zweites Eichhörnchen.

Der Spieler, der zuerst auf den richtigen Frosch tippt, darf ein neues Tier auswählen, das in der nächsten Spielrunde gesucht wird. Er beschreibt den Mitspielern, was unter, über, rechts und links von dem Tier ist.

Das Haus in den Bäumen

Aranka beugt sich tief über ihren Besen und fliegt eine scharfe Kurve.
„Wackle nicht so!“, beschwert sich Benny. „Sonst falle ich in den See!“
„Ach was“, lacht Aranka übermütig. „So schnell fällst du nicht vom Besen. Festhalten! Ich schalte den Zauberturbo ein.“ Sie fuchtelt mit dem Zauberstab und ruft: „Abrakadabra, Besen, flieg schneller!“
„Ooohhhh!“, schreit Benny. Ängstlich klammert er sich an Aranka. Sie düsen über die Wasseroberfläche.
„Vorsicht, die Bäume!“, kreischt Benny.
„Hab ich gesehen“, antwortet Aranka. Sie zieht den Besenstiel nach oben. Haarscharf gleiten sie an den Bäumen vorbei.

„Wenn du
nicht sofort
langsamer fliegst,
steige ich nie wieder auf den Besen“,
ruft Benny erbost. Aranka riskiert
einen kurzen Blick nach hinten.
Benny meint es ernst!
„Tut mir leid“, entschuldigt sie sich.
„Ich wollte dich nicht ärgern.
Nur ein kleines bisschen
foppen.“ Gemächlich fliegen
sie über die Baumkronen.
„Sieh mal, ein Haus!“, sagt Benny.
Aranka wendet den Besen und
landet geschickt auf dem
Balkon des Hauses. Es ist
zwischen die kräftigen Äste
eines großen Baumes gebaut.

Auf dem Schild neben der Tür steht ein Name: Oktavius.
„Guten Tag“, ruft Aranka. „Ist jemand zu Hause?“
Benny klettert vom Besen.
„Sieht nicht so aus“, sagt er. „Komm, wir schauen uns mal um!“
„Ich weiß nicht“, meint Aranka zögernd.
„Ich möchte Oktavius nicht stören. Wir wissen gar nicht, wer er ist.“
„Wir stören doch nicht“, sagt Benny. „Wir sehen uns nur um.“
Er springt auf die Fensterbank. „Benny“, flüstert Aranka.
„Man starrt anderen Leuten nicht ins Fenster!“

„Quatsch!“, meint Benny.
„Ich will doch bloß mal gucken.“
Er schaut durchs Fenster.
„Benny“, fleht Aranka.
„Lass uns lieber fliegen!“
Sie geht ans Geländer des Balkons. Es geht steil nach unten. „Ganz schön hoch!“, sagt Aranka. „Wer das Haus wohl gebaut hat? Was meinst du?“ Benny gibt keine Antwort.
Verwundert dreht Aranka sich um.
„Benny? Wo steckst du?“, ruft sie besorgt.
„Hier“, kommt die gedämpfte Antwort von drinnen.
Aranka läuft zum Fenster. Es ist gerade groß genug, dass sich ein Biber hindurchzwängen kann. Für eine Hexe ist die Öffnung zu klein.
„Bist du verrückt?“, ruft Aranka. „Komm sofort raus!“
Die Haustür geht auf. Benny grinst sie an.
„Komm du herein“, sagt er und verschwindet wieder im Haus.

Zögernd folgt
Aranka ihrem
Freund. Das Haus
ist sehr gemütlich:
Neben einem Kamin
stehen ein Sofa, ein Tisch
und ein großer Schrank.
Die Türen des Schranks
sind weit geöffnet. Benny greift in den Schrank und zieht
eine türkisfarbene Flasche heraus. Er hält sie gegen das Licht.
Obwohl es eine Glasflasche ist, kann er nicht hindurchschauen.
„Seltsam“, murmelt er. „Hilf mir mal mit dem Korken, ja?“
Aranka nimmt die Flasche und zieht am Korken.
Sie bekommt einen knallroten Kopf. „Geht nicht!“, keucht sie.
„Er sitzt zu fest. Ich bekomme ihn nicht heraus!“
Sie gibt Benny die Flasche zurück. „Tut mir leid!“
Benny schaut Aranka überrascht an. „Warum nimmst du nicht
einfach deinen Zauberstab zu Hilfe?“, fragt er. „Du bist eine
Hexe!“ Verlegen zieht Aranka ihren Zauberstab aus der Tasche.
„Stimmt“, sagt sie. „Manchmal vergesse ich, dass ich zaubern kann.“
Kopfschüttelnd wartet Benny ab. Aranka schwingt den Zauberstab.
Einmal, zweimal. „Abrakadabra, Flasche, öffne dich!“
Sie zieht am Korken, doch nichts geschieht.
„Siehst du“, sagt Aranka, „man kann nicht alles so hinzaubern,
wie man es gern möchte. Ich …“
„Warte“, unterbricht Benny seine Freundin. „Hör mal!“
Es summt leise, dann lauter. Der Ton kommt aus der Flasche.
Schließlich ist er so laut, dass sich Aranka und Benny die Ohren
zuhalten. Sirrend springt der Korken aus der Flasche.

Sofort füllt sich der Raum mit gelbem Rauch.
„Benny“, ruft Aranka, „wo bist du? Ich sehe dich nicht.“
„Hier bin ich“, sagt Benny, „direkt neben dir.“
„Ich bin auch hier“, sagt eine Stimme.
Ängstlich klammern sich Benny und Aranka aneinander.
„Was war das?“, wispert Benny.
„Habt keine Angst!“, sagt die Stimme.
„Ich tue euch nichts. Willkommen in meinem Haus.“
Langsam lichtet sich der Nebel.
Auf dem Sofa sitzt eine kleine Gestalt. Ein Flaschengeist!

„Danke, dass ihr mich befreit habt!“, sagt der Flaschengeist freundlich. Er gibt Aranka und Benny die Hand. „Ich bin Oktavius und lebe in diesem Haus. Allerdings habe ich die letzten 257 Jahre ein bisschen beengt gewohnt. So lange sitze ich schon in meiner Flasche fest.“
„Oje!“, sagt Aranka. „Wie bist du überhaupt in die Flasche gekommen?“ Oktavius hüpft auf und ab. Dabei schlenkert er mit den Armen und den Beinen. „Hineinzukommen ist kein Problem. Schließlich bin ich ein Flaschengeist. Nur kam ich leider nicht wieder hinaus. Mein Bruder hat nämlich den Korken festgezaubert.“
„Und warum?“, fragt Benny.
Auf einmal sieht Oktavius ein wenig verlegen aus.

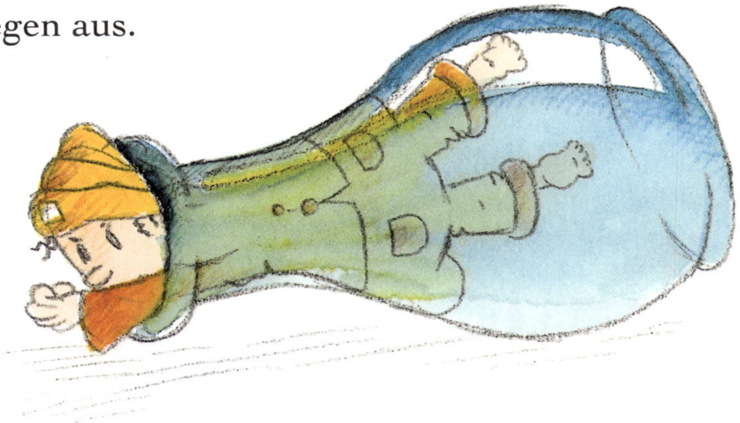

„Wir haben uns gestritten“, antwortet er. „Ich wollte ihn nur ein bisschen foppen. Na gut, eigentlich habe ich ihn ganz schön geärgert.“
„Und wie?“, fragt Aranka.
„Ich habe den Hals seiner Flasche ein bisschen enger gemacht. Und da er ein wenig, nun ja … pummelig ist, blieb er im Flaschenhals stecken. Wie konnte ich ahnen, dass er gleich so wütend wird?“
Oktavius steht auf. „Am besten mache ich mich jetzt mal auf den Weg“, sagt er. „Meinen Bruder suchen.“
„Um ihn zu verzaubern?“, fragt Aranka.

„Nein“, lacht der Flaschengeist. „Um mich zu vertragen. Ihr könnt gern noch bleiben, wenn ihr mögt. Fühlt euch wie zu Hause. Ich hoffe, es stört euch nicht, dass es etwas staubig ist. Nach 257 Jahren …“

Oktavius nimmt die türkisfarbene Flasche in die Hand und verbeugt sich. „Auf Wiedersehen“, sagt er und reibt über das Glas.

Wieder wabert gelber Rauch auf. Oktavius verschwindet darin mitsamt seiner Flasche.

„Puh! Für heute habe ich genug erlebt“, sagt Benny. „Fliegen wir nach Hause?“

„Gute Idee“, meint Aranka. „Und eins verspreche ich dir: So gern wir uns auch foppen, ich werde dich niemals in eine Flasche zaubern!“

Flinke Flaschenpost

Zu Hause holt Aranka eine Flasche aus der Truhe. „Wir schreiben eine Flaschenpost“, sagt sie. Benny und Aranka verfassen eine kurze Nachricht. Sie rollen die Botschaft zusammen und stecken sie in die Flasche. „Gute Reise!“, sagt Aranka.

Jeder Spieler denkt sich mehrere Aufgaben aus und schreibt jede Aufgabe auf einen Zettel. Zum Beispiel: ***Hüpfe auf einem Bein bis zur Tür*** oder ***Singe ein Lied*** oder ***Sage dreimal hintereinander einen Zungenbrecher auf***. Anschließend werden die Zettel zusammengerollt. Steckt eine Rolle in jede Flasche. Klebt außen an jede Flasche einen Zettel, auf dem eine Zahl von 2 bis 12 steht.

Das Spiel beginnt: Reihum würfelt jeder Spieler mir beiden Würfeln, nimmt sich die Flasche mit der Zahl, die die Würfelaugen anzeigen und erfüllt die Aufgabe. Anschließend wird der Zettel wieder in die Flasche gesteckt.

Arankas Hexenplätzchen

„Hast du Lust auf Plätzchen?“, fragt Aranka den Biber. „Klar“, sagt Benny, „aber nur, wenn wir sie richtig backen. Ohne Zauberei! Die Zauberplätzchen haben mir nämlich letztes Mal gar nicht geschmeckt …“

Für Arankas Hexenplätzchen brauchst du:

- 450 g Mehl
- 1 TL Backpulver
- 180 g Zucker
- 2 Päckchen Vanillezucker
- 1 Prise Salz
- 4 TL Naturjoghurt
- 2 Eier
- 250 g Butter
- bunte Streusel

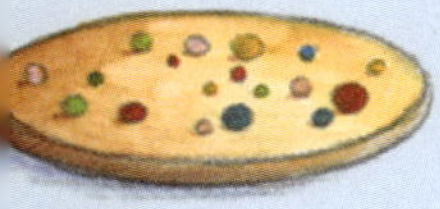

Zubereitung:

- Fülle Mehl, Backpulver, Zucker, Vanillezucker, Salz und den Naturjoghurt in eine große Rührschüssel.
- Schlage die Eier am Rand der Schüssel auf und gib sie zu den anderen Zutaten.

- Zerteile die Butter mit einem Löffel in kleine Stücke und gib sie ebenfalls in die Schüssel.

- Verrühre und knete alles zu einem glatten Teig.
- Wickle den Teig in Frischhaltefolie und stelle ihn für etwa 40 Minuten in den Kühlschrank.
- Knete den Teig anschließend noch einmal durch.
- Verteile etwas Mehl auf dem Tisch und rolle den Teig mit einem Nudelholz darauf aus.
- Steche mit einem Glas runde Plätzchen aus und lege sie auf ein eingefettetes Backblech.

- Verteile bunte Streusel auf den Plätzchen.
- Backe Arankas Hexenplätzchen etwa eine Viertelstunde bei 200 °C im vorgeheizten Backofen.

Benny hat Bärenhunger

Am Nachthimmel leuchtet ein hellgelber Vollmond. Aranka liegt auf dem Deck des Hausbootes und betrachtet die Sterne. Von unten ertönt lautes Schnarchen. Benny schläft in seiner Hängematte. Aranka deutet mit dem Zauberstab auf die helle, glitzernde Schneise, die sich quer über den Himmel zieht. „Warum heißt es eigentlich Milchstraße?“, überlegt sie. „Leben auf diesen Sternen besonders viele Milchkühe? Wie die wohl aussehen?“

Da zischt es, und eine Kuh galoppiert vor ihr durch die Luft. Sie ist etwa so groß wie Arankas Hand und ihr Körper ist mit Sternen bedeckt. Ihr Schwanz ist eine Sternschnuppe und kleine Halbmonde bilden die Hörner. Nach einer Weile löst sich die Sternenkuh in einem Funkenregen auf und verschwindet.
Aranka seufzt. „Diesen Bildzauber muss ich noch üben“, murmelt sie, „er ist immer viel zu schnell vorbei. Und nachher schlage ich im Hexenlexikon nach, woher die Milchstraße ihren Namen hat.“
Da hört sie Schritte.
Sie dreht sich um. „Ausgeschlafen?“, fragt sie, als Benny das Deck betritt. Er gibt keine Antwort. Langsam geht er zur Reling.
„Benny!“, sagt Aranka verwundert. „Was ist mit dir?“ Wieder antwortet Benny nicht.
Er marschiert zum Bug des Hausbootes und wieder zurück. Um ein Haar hätte er Aranka umgerannt! Seine Augen starren ausdruckslos nach vorn. Neugierig folgt Aranka dem Biber. Benny steigt die Treppe hinunter und klettert wieder in seine Hängematte. Er dreht sich auf die Seite und nach einem kurzen Augenblick hört Aranka sein Schnarchen. Kopfschüttelnd geht sie nach oben.
„Merkwürdig“, meint Aranka. „Ich glaube, er hat die ganze Zeit geschlafen. Ob er geträumt hat?“ Sie legt sich wieder hin.

Da kracht es. So, als würde Holz zersplittern. Aranka hastet nach unten. Bennys Hängematte ist leer! „Hoffentlich ist ihm nichts passiert!“, jammert sie. „Womöglich hat sich ein Kobold hereingeschlichen!“ Schon springt ein schlecht gelaunter Kobold vor ihr auf und ab. Aranka zuckt zusammen.
„Verschwinde!“, ruft sie und scheucht den Bildzauber fort.

Widerstrebend löst sich der Kobold in Luft auf.
Aranka entdeckt ein Loch in der Bordwand. Mehrere Planken sind aus der Wand gerissen. Wasser dringt ins Boot. Aranka reißt ein T-Shirt vom Stuhl und stopft es in die Öffnung. Dann wühlt sie in der Kommode nach dem karierten Zauberstab. Der repariert einfach alles! Aranka schwingt den Zauberstab.
Einmal, zweimal. „Abrakadabra“, ruft sie, „Wand! Schließe dich!“
Das Loch schließt sich. Da fällt Aranka das T-Shirt ein.

„Halt!", ruft sie. Zu spät: Es ist im Holz eingeschlossen.
„Benny?", fragt Aranka. „Wo bist du?"
Sie hört Schritte und läuft nach oben. Benny steht auf dem Dach des Hausbootes. Er marschiert zum Schornstein.
KRACKS! Bevor Aranka eingreifen kann, hat Benny in den Schornstein gebissen. Er nagt daran wie an einem Maiskolben.
„Komm sofort runter!", brüllt Aranka. „Du zerstörst unser Boot!"
Sie rast nach oben, packt den Biber und schüttelt ihn.
Auf einmal wird Benny ganz matt.
Verwirrt reibt er sich die Augen.

„He“, sagt er, „was machst du denn? Und wo bin ich?“
„Warum zerbeißt du unser Boot?“, ruft Aranka.
„Ich zerbeiße gar nichts“, antwortet Benny beleidigt.
„Hab bis eben geschlafen.“
„Natürlich warst du das“, schimpft Aranka. „Ich habe es genau gesehen.“ Benny sieht sich den kaputten Schornstein an. Schließlich entschuldigt er sich zerknirscht.
„Ich weiß wirklich nicht, wie das passiert ist“, schwört er.
„Na gut“, meint Aranka, „dann müssen wir herausfinden, was mit dir los ist. Warum wanderst du schlafend durch die Gegend?“
Sie überlegt einen Moment. „Ich weiß!“, ruft Aranka.
„Ich schaue ins Hexenlexikon.“
Die beiden setzen sich auf den Teppich und schlagen das Buch auf. „Hast du schon etwas herausgefunden?“, fragt Benny nach einer Weile. „Stör mich nicht“, brummt Aranka. Sie blättert vor. Und wieder zurück. Und noch einmal zur Mitte des Buches. Endlich klappt sie es zu. „Fantastisch, dieses Lexikon!“, sagt Aranka. „Da steht einfach ALLES drin.“ Sie holt tief Luft.
„Du bist nicht krank, Benny. Du bist ein Biber“, erklärt sie.
„Und?“, fragt Benny. „Das weiß ich auch.“
„Du bist nicht nur ein Biber“, fährt sie fort, „heute ist auch noch Vollmond.“
„Was redest du da?“, fragt Benny gereizt. „Hör sofort auf mit dem Quatsch!“
„Ist ja gut“, beruhigt Aranka ihn.
„Also, es ist so: Der Vollmond bewirkt, dass du umherwanderst und dabei gleichzeitig schläfst.

Du bist ein Schlafwandler, Benny. Und als schlafwandelnder Biber knuspert du Holz an. Sonst machst du das immer im Wald und nicht auf unserem Boot. Doch im Schlaf kannst du das nicht unterscheiden."
„Und was machen wir jetzt?", fragt Benny. „Passt du nun bei jedem Vollmond auf, dass ich unser Hausboot nicht aufesse? Oder muss ich die ganze Nacht wach bleiben? Dann bekomme ich bestimmt schlechte Laune!"
„Du brauchst deinen Schlaf", erwidert Aranka, „und ich meinen. Warte kurz, ich glaube, ich habe da eine Idee."
Sie steigt auf ihren Besen und fliegt davon. Nach kurzer Zeit kehrt sie mit einem Stapel Holz zurück.
„Jetzt probieren wir etwas aus", sagt Aranka. „Dafür musst du dich wieder hinlegen." Sie legt die Holzscheite auf einen Tisch neben der Hängematte. Benny kuschelt sich unter seine Bettdecke. Die Augen fallen ihm zu und er schläft ein. Aranka setzt sich neben ihren Freund. Irgendwann bewegt Benny sich, dann setzt er sich auf.
„Benny?", fragt Aranka vorsichtig. Doch Benny antwortet nicht.

Die Augen weit aufgerissen, will er gerade aus der Hängematte klettern. Da bemerkt er den Holzstapel. KRRRCK! Schon knabbert er an den Scheiten. Bald liegt ein Berg Späne unter seiner Hängematte. Benny legt sich zurück und beginnt leise zu schnarchen.
„Und?", fragt Benny am nächsten Morgen. „Ist alles gut gegangen?"
„Das Boot ist noch heil", lacht Aranka. „In Zukunft legen wir in jeder Vollmondnacht einen Stapel Holz neben deine Hängematte."
Sie greift nach dem Hexenlexikon. „Und jetzt schaue ich endlich nach, woher die Milchstraße ihren Namen hat!"

Zauberstabgewusel

Aranka hat zwei Zauberstäbe, die genau gleich aussehen. Mit diesen zaubert sie fehlende Strümpfe oder Schuhe herbei. Findest du das Zwillingspaar?

Den gelben Zauberstab mit den roten Punkten gibt es zweimal.

Was weißt du über Biber?

Es gibt zwei Arten: den Europäischen Biber und den Kanadischen Biber. Sie unterscheiden sich, zum Beispiel in der Anzahl der Jungen, die sie zur Welt bringen. Beide Arten lieben jedoch das Wasser!
Biber verwenden beim Schwimmen ihren platten Schwanz als Ruder. Die Schwimmhäute an ihren Hinterfüßen erleichtern ihnen das Vorankommen im Wasser.
Zum Lebensraum der Biber gehören sowohl fließende Gewässer, wie zum Beispiel Flüsse oder Bäche, als auch stille Gewässer, wie Weiher und Seen.
Biber ernähren sich von Baumrinden, Kräutern und den Pflanzen, die im Wasser und am Ufer wachsen.
Biber gehören zu den Nagetieren. Ihre scharfen Zähne wachsen ein Leben lang. Mit ihnen können sie sogar dicke Baumstämme zernagen.
Sie errichten aus Ästen, Zweigen und Schlamm große Behausungen, die aus verschiedenen Kammern und Gängen bestehen.
Biber bauen auch Dämme, mit denen sie das Wasser eines Baches aufstauen.

Kleines Biber-Quiz

1. Wie lange kann ein Biber tauchen, ohne Luft zu holen?

- a Etwa eine Viertelstunde
- b Etwa fünf Minuten

2. Wie nennt man die Behausung eines Bibers noch?

- a Bett
- b Burg

3. Biber sind …

- a … Pflanzenfresser.
- b … Fleischfresser.

4. Wie viele Junge bringt ein Kanadisches Biberweibchen zur Welt?

- a 3 bis 4
- b 5 bis 6

5. Wenn ein Biber unter Wasser taucht …

- a … öffnen sich seine Nasenlöcher.
- b … schließen sich seine Nasenlöcher.

Lösung: 1 – a, 2 – b, 3 – a, 4 – a, 5 – b

Ein verregneter Nachmittag

Regen prasselt auf das Dach des Hausbootes. Aranka schaut aus dem Fenster. „So ein Mist!“, schimpft sie. „Bei dem Wetter können wir nichts machen!“

„Wieso nicht?“, fragt Benny. Ihm macht Regen überhaupt nichts aus. Im Gegenteil: Er mag es sogar sehr gern, wenn es regnet. „Immer nur Sonnenschein ist langweilig!“, ruft er. „Komm, zieh deine Gummistiefel an. Wir gehen raus, springen über Pfützen, angeln oder bauen einen Regenmesser. Ich hab eine tolle Bauanleitung dafür gefunden. Wir brauchen nur einen Becher und ein Lineal.“ Aranka steckt die Nase in ihren Kakaobecher. „Nö“, sagt sie, „keine Lust.“

„Na gut“, meint Benny, „vielleicht später. Spielen wir eine Runde Hexe-ärgere-dich-nicht?“ Doch auch das will Aranka nicht.
Benny überlegt. „Du könntest deine Zauberstäbe sortieren“, schlägt er vor. „Nach Größe oder Farbe oder nach dem Alter … Ich helfe dir.“
Er rennt durchs Zimmer und sammelt alle Zauberstäbe ein, die er finden kann: Mit dem grünen Zauberstab würzt Aranka ihre Suppen. Mit dem dunkelblauen Zauberstab zaubert sie am liebsten nachts und mit dem orangefarbenen Zauberstab zündet sie das Feuer an …
Mühsam schleppt Benny das Bündel Zauberstäbe zum Küchentisch. Aranka beachtet ihn gar nicht. Den Kopf in den Armen vergraben, murmelt sie: „Keine Lust.“ Benny lässt die Zauberstäbe auf den Boden fallen und zupft an Arankas Ärmel.
„Wozu hast du denn Lust?“, fragt er.
„Weiß nicht“, meint Aranka.
„Dann üb neue Zaubersprüche“, sagt Benny. „Los, verzaubere mich in ein weißes Kaninchen! Das willst du doch schon lange. Heute darfst du es!“ Aranka schüttelt den Kopf. „Mag nicht“, sagt sie.
Jetzt wird Benny ungeduldig. „Na schön“, sagt er.
„Dann gehe ich jetzt allein im Regen spielen. Du bist wirklich langweilig!“ Wütend reißt er seinen Regenhut vom Haken und stapft nach draußen.
Aranka hört, wie die Tür ins Schloss fällt. Dann ist es still. Sehr still. Nur der Regen rauscht. Und aus dem Honigtopf im obersten Regalfach hört sie ein leises Schnarchen.

Aranka trinkt den letzten Rest Kakao aus. „Bestimmt kommt Benny gleich wieder“, murmelt sie. „Allein wird ihm bald langweilig.“ Sie wartet. Doch nichts geschieht. Aranka läuft zum Fenster. Sie öffnet das Bullauge und streckt den Kopf hinaus. Kalte Regentropfen fallen ihr ins Haar und laufen ihren Nacken hinunter. „Iiih!“, japst Aranka. „Ist das kalt!“ Sie schließt das Fenster und setzt sich aufs Sofa. Sie greift nach einem Buch. Doch auch Lesen macht keinen Spaß.

„Wo bleibt Benny bloß?“, wundert sich Aranka. Sie will nicht länger warten, zieht ihren Regenmantel an und steckt den pinkfarbenen Zauberstab ein. Er ist aus Kunststoff. Deshalb funktioniert er auch bei Regen.

Zuerst sucht Aranka auf dem Deck des Hausbootes. Weit und breit keine Spur von Benny.

Sie läuft ans Ende des Stegs, der das Boot mit dem Ufer verbindet.

Versteckt sich Benny im Schilf?
„Benny!", ruft Aranka. „Wo bist du?" Doch auch am Ufer ist Benny nirgends zu sehen. Aranka rennt zur Straße, die in den nächsten Ort führt. Überall sind große Pfützen.
Aber kein Benny. Aranka zückt den Zauberstab und hält ihn über eine Pfütze. „Abrakadabra", murmelt sie, „zeig mir Benny!"
Das Wasser in der Pfütze färbt sich rosa, dann erscheint ein etwas verschwommener Benny auf der Oberfläche. Er sitzt unter einem Baum. Einen Augenblick später verschwindet das Bild wieder.

Aranka sieht nur noch ihr eigenes Spiegelbild. „Toll!“, schimpft sie. „Und wo ist Benny genau? Wie komme ich zu ihm?“ Doch es taucht kein neues Bild mehr auf.
Benny saß unter einem großen Baum. Wie alle Bäume hier, denkt Aranka. Doch der Baum hatte viele winzige Blätter.
Von dieser Sorte gibt es hier nur einen.
Aranka schwenkt den Zauberstab und ruft: „Abrakadabra. Besen, komm herbei!“ Es knallt und ein Fenster des Hausbootes zerspringt in tausend Scherben. Arankas Besen rast durch die Öffnung direkt auf sie zu. „Vorsicht!“, ruft Aranka. Sie springt zur Seite, als der Besen mit einer Vollbremsung knapp vor ihr hält.
Aranka steigt auf und fliegt los. Irgendwo hier muss der Baum mit den winzig kleinen Blättern wachsen. Sie fliegt zwischen den Regenwolken hin und her. Endlich entdeckt sie ihn.
Aranka beugt sich tief über den Besen, im Sturzflug schießt sie nach unten und landet unsanft auf dem Boden.
Direkt vor Benny.
„Ich habe dich überall gesucht!“, ruft Aranka.
Benny freut sich, seine Freundin zu sehen.
„Es war langweilig ohne dich“, sagt er. „Aber zurück nach Hause wollte ich auch nicht. Du warst so schlecht gelaunt!“
„Tut mir leid!“, entschuldigt sich Aranka. „Ich war wirklich unausstehlich. Das lag nur am Regen.“
„Und was machen wir nun?“, fragt Benny. „Es regnet immer noch.“
„Macht nichts“, lacht Aranka.
Sie ist froh, dass ihr Freund wieder da ist. „Jetzt machen wir alles, was bei Regen Spaß macht!“

Aranka und Benny angeln im Fluss. Sie springen über riesige Pfützen und bauen ein Regenmessgerät am Ufer.
„Es ist wirklich toll, im Regen zu spielen!“, sagt Aranka, als sie später mit nassem Fell und nassen Kleidern zum Hausboot gehen.
„Sag ich doch“, meint Benny zufrieden.

Wie viel Regen fällt?

Aranka und Benny haben am Fluss ein Regenmessgerät gebaut. Das kannst du auch. Bastle dir ein Messgerät und beobachte, wie viel Regen fällt.

Befestige das Lineal mit Klebestreifen außen am Behälter.

Stelle den Behälter auf den Balkon oder in den Garten. Achte darauf, dass der Becher nicht unter einem Baum oder einem Dach steht. Der Regen sollte gut hineinfallen können.

Prüfe nach jedem Regen, wie viel Niederschlag vom Himmel gefallen ist. Du kannst auch ein Regentagebuch führen. Schreibe die Zahlen hinein oder male Regentropfen auf: einen Tropfen für ganz wenig Regen, viele Tropfen für viel Regen.

Hexe-ärgere-dich-nicht

Draußen regnet es in Strömen. Benny und Aranka haben es sich in der Kajüte gemütlich gemacht und spielen Hexe-ärgere-dich-nicht.
„Du hast schon wieder gewonnen!“, beschwert sich Benny. „Ich glaube, du schummelst.“
„Ich hab nicht geschummelt!“, verteidigt Aranka sich und lässt den kleinen Zauberstab im Ärmel verschwinden. „Einfach nur Glück.“

Stelle die Kreisform auf die Pappe und zeichne den Umriss nach.

Schneide den Kreis aus.

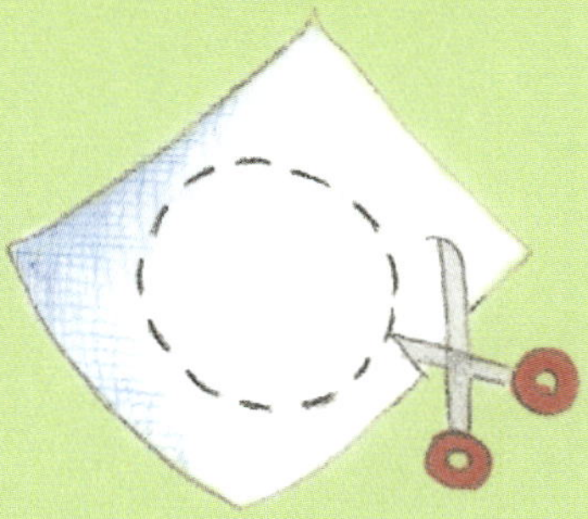

Male eine zusammengerollte Schlange in den Kreis. An einem Ende befindet sich der Kopf, am anderen Ende die Schwanzspitze.

Teile die Schlange in viele Felder auf, die etwa gleich groß sind. Das Feld ganz außen ist das Startfeld. Das Feld am Ende der Schlange ist das Ziel.

Jeder Spieler stellt seine Figur an den Start und alle würfeln der Reihe nach.

 Einmal aussetzen.

 Würfle noch einmal.

 Gehe zwei Schritte vor.

 Dein linker Nachbar darf ein Feld weitergehen.

 Dein rechter Nachbar darf ein Feld vorrücken.

 Gehe einen Schritt zurück.

Wer ohne zu schummeln als Erster das Ziel erreicht, hat gewonnen!

Das Wettfliegen

„Hast du Lust auf einen Ausflug?“, fragt Aranka.
„Warum nicht?“, antwortet Benny.
„Draußen ist so schönes Frühlingswetter!“
Kurze Zeit später haben sie das Hausboot und den Fluss bereits weit hinter sich gelassen. Am Horizont taucht ein Gebirge auf.
„Da wollte ich schon immer mal hin“, sagt Aranka. „Festhalten!“
Und schon düsen die beiden über die Bergwiesen. Der Wind pfeift ihnen um die Ohren. Lachend winkt Aranka einigen entrüsteten Bienen zu, als sie nur knapp am Bienenstock vorbeifliegen.
„Die waren ganz schön sauer“, meint Benny.
„Ist doch gar nichts passiert“, lacht Aranka. MUUH! Im Zickzack fliegen sie zwischen den Kühen auf der Weide hindurch.
„Flieg mal etwas höher“, sagt Benny, „sonst rammen wir noch eine Kuh.“
„Wie du meinst“, antwortet Aranka. „Aber weiter oben riechen wir die Frühlingsblumen nicht so gut.“
Da hören sie hinter sich ein lautes Brummen.
„Was ist das?“, fragt Aranka verwundert. Benny dreht sich um. WUMM! Ein roter Blitz schießt an ihnen vorbei. Beinahe verliert

Benny bei dem starken Fahrtwind sein Gleichgewicht. In letzter Sekunde krallt er sich an Arankas Kleid.
„Was war das?“, fragt Benny zitternd. Aranka beugt sich tief über ihren Besen. „Konnte ich nicht erkennen“, sagt sie. „Aber das finden wir heraus.“
Ihr Besen beschleunigt und nimmt die Verfolgung auf.
„Schneller!“, ruft Benny. Die beiden hören lautes Gelächter. Und ein Quaken.

„Die machen sich über uns lustig“, ärgert sich Benny.
„Kannst du nicht noch schneller fliegen?“
„Ich hätte nie gedacht, dass du das einmal sagst“, meint Aranka kopfschüttelnd. „Du hast doch sonst immer Angst, wenn ich zu schnell fliege.“

„Das ist etwas anderes“, sagt Benny. „Jetzt habe ich überhaupt keine Angst. Ich will sie nur einholen. Schneller!“
Sie schaffen es, näher und näher an den roten Blitz heranzufliegen.
Aranka ruft verblüfft: „Das ist auch eine Hexe!“
Hinter der Hexe sitzt ein Frosch. Er schaut sich immer wieder um und winkt den beiden laut quakend zu.
„Nicht zu fassen“, ärgert sich Benny, „der findet das ganz schön komisch!“
„Aber wie kann sie so schnell fliegen?“, wundert sich Aranka.
Sie flitzen hintereinander her über die Bergwiesen.
Doch so sehr Aranka sich anstrengt, sie kann die Hexe nicht einholen.

Plötzlich verschwindet die fremde Hexe spurlos hinter einem Hügel.
„Wo ist sie denn hin?“, fragt Benny überrascht.
„Dort habe ich sie zuletzt gesehen“, sagt Aranka und deutet auf einen Berg. „Lass uns da suchen.“ Sie schlägt die Richtung ein, in die auch die andere Hexe geflogen ist.
Als Benny und Aranka gerade über die Bergkuppe fliegen, hören sie ein lautes Jammern. „Hilfe! Ist hier jemand?“
„Da vorn ist etwas Rotes!“, ruft Benny.
Aranka und Benny fliegen näher heran. Zwischen den Felsen sitzt eine junge Hexe in einem feuerroten Kleid. Ihr Knie ist aufgeschlagen und blutet ein wenig. Neben ihr sitzt der Frosch. Er hat eine große Beule am Kopf.
„Oje, tut es sehr weh?“, fragt Aranka. Sie springt vom Besen und hilft der Hexe auf die Beine.

„Es geht schon wieder“, winkt diese ab. „Das ist schlimmer!“
Und sie zeigt auf ihren Besen, der in einer Felsspalte steckt.
„So ein Pech!“, sagt Aranka. „Der schöne Besen! Wie schaffst du es nur, dass er so schnell fliegt?“
„Hab einen extrastarken Zauberturbo eingebaut“, sagt die Hexe.
„Aber das Problem ist: Bei der Geschwindigkeit kann ich den Besen nicht mehr gut lenken. Ich heiße übrigens Ramona und das ist Louis.“
Louis quakt freundlich zur Begrüßung. Jetzt findet ihn Benny eigentlich ganz nett.
Ramona versucht, den Besen aus der Felswand zu ziehen, aber er steckt fest.
„Wir helfen dir“, sagt Aranka. Sie stellt sich hinter Ramona und packt sie an den Schultern.

Benny fasst Aranka am Kleid. Am Ende der Reihe steht Louis, der sich an Bennys plattem Biberschwanz festhält.
„Und jetzt …“, sagt Aranka. „Zieht!“
Die vier ziehen und zerren, doch der Besen steckt fest.
„Noch einmal!“, ruft Aranka. Vor Anstrengung bekommt sie einen roten Kopf.
„So geht das nicht“, sagt Ramona schließlich. „Vielleicht kann ich ihn freizaubern.“
„Aber nicht mit deinem Zauberstab“, meint Aranka und zeigt auf den Boden. Ramonas Zauberstab ist in drei Teile zerbrochen.
„Das hat mir gerade noch gefehlt“, seufzt Ramona. „Und was nun?“
„Ich habe meinen Zauberstab auch dabei“, tröstet Aranka die verzweifelte Hexe. Sie schwingt ihren Zauberstab – einmal, zweimal – und ruft: „Abrakadabra, Besen …“ Doch bevor Aranka den Zauberspruch zu Ende gesprochen hat, knirscht es laut. Mit einem grässlichen Knacken gleitet der Besen tiefer in den Felsen. „Oh nein!“, sagt Aranka. „Wie konnte mir das denn passieren?“
Ramona macht ein entsetztes Gesicht. „Mach dir nichts draus“, sagt sie dann tapfer. „Ist mir auch schon passiert. Dieser Zauber ist wirklich schwierig.“

„Aber wie kommen wir jetzt nach Hause?“, fragt Louis. „Können wir nicht alle auf eurem Besen fliegen?“
Doch Ramona schüttelt den Kopf. „Der Besen kann uns nicht alle vier auf einmal tragen. Und ich will meinen Besen nicht hier zurücklassen.“
Sie schaut Aranka an und streckt die Hand aus.
„Wir versuchen es zusammen“, schlägt sie vor.
„In Ordnung.“ Aranka ist einverstanden. Die beiden Hexen stellen sich nebeneinander vor den Felsen. Aranka richtet ihren Zauberstab auf den Besen. Auch Ramona fasst den Zauberstab an. „Auf drei“, sagt sie. Aranka nickt.
„Abrakadabra!“, rufen Aranka und Ramona und schwingen den Zauberstab. Einmal, zweimal.
„Besen, befreie dich!“

PENG! Der Besen reißt sich vom Felsen los und fliegt rückwärts. Ramona packt ihn, bevor er davonfliegen kann.
„Der ist wirklich schnell!“, staunt Aranka.
„Ja“, sagt Ramona, „aber für meinen Geschmack ein wenig zu schnell. Zu Hause baue ich den extrastarken Zauberturbo wieder aus.“
Dann verabschieden sich Ramona und Louis von Aranka und Benny.
„Bis bald mal wieder!“, ruft Louis winkend.
„Ja, dann machen wir zusammen einen Ausflug“, sagt Ramona. Schon fliegen sie davon. Aranka und Benny sehen zu, wie der rote Punkt am Horizont verschwindet. Dann steigen sie auf ihren eigenen Besen.
„Fliegen wir nach Hause?“, fragt Aranka.
„Ja“, sagt Benny, „aber schön langsam!“

Der versteckte Besen

Verflixt! Arankas Besen ist verschwunden. Entdeckst du ihn im Bild?

Lösung: Der Besen liegt in Bennys Hängematte.

Wer fliegt am schnellsten?

Für dieses Spiel braucht ihr:
- eine große leere Fläche (eine Wiese oder einen Bolzplatz)
- möglichst viele leere 2-Liter-Flaschen aus Kunststoff
- zwei Besen

Bei diesem Spiel ist nicht nur Schnelligkeit, sondern auch Geschicklichkeit gefragt. Je mehr Kinder mitspielen, desto lustiger wird das Spiel.

Die Spieler schließen sich zu zwei gleich großen Mannschaften zusammen. Markiert mit den Kunststoffflaschen zwei Slalomstrecken, die nebeneinander liegen. Die Strecken sollten etwa gleich sein. Legt ein Startfeld fest, das zugleich auch das Ziel ist.

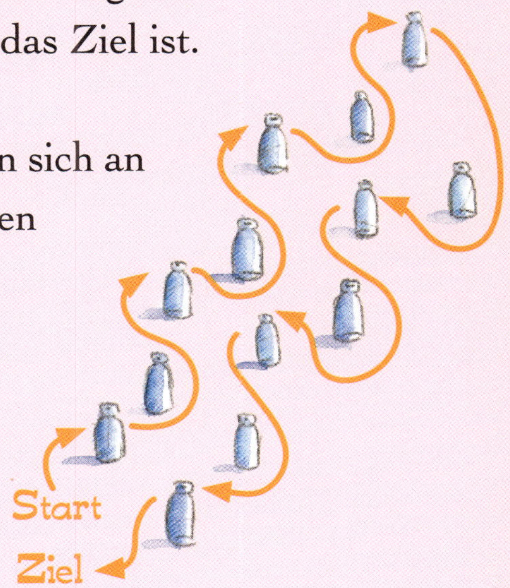

Die ersten zwei Spieler jeder Mannschaft stellen sich an den Start. Zu zweit klemmen sie sich einen Besen zwischen die Beine.

Auf los geht's los:

Lauft möglichst schnell mit dem Besen durch die Slalomstrecke. Wer dabei eine Flasche umwirft, muss sofort zurück zum Start und noch einmal „losfliegen“.

Habt ihr den Parcours beendet, übergebt ihr den Besen an die beiden nächsten Mitspieler eurer Mannschaft. Welche Mannschaft „fliegt“ am geschicktesten und am schnellsten über die Hindernisstrecke?

Der Riesenzauberstab

Ein strahlender Sommertag: Aranka und Benny schippern mit dem Hausboot über den See und lassen sich die Sonne auf den Bauch scheinen. „Jetzt eine Limonade“, seufzt Benny, „und das Leben wäre vollkommen!“ Aranka greift zum Zauberstab und schwingt ihn hin und her. Einmal, zweimal. Und schon schwebt eine Kräuterlimonade

neben Benny in der Luft. Mit Strohhalm.
„Danke!“, sagt Benny. „Das Üben hat sich gelohnt!“
„Ja“, meint Aranka und schließt zufrieden die Augen.
„Das ist wirklich einer der nützlichsten Zaubertricks, die ich kenne.“ Benny trinkt die Limonade und schläft kurz darauf ein.
Nach einiger Zeit öffnet Aranka die Augen. Eine Wolke hat sich vor die Sonne geschoben. Die warmen Sonnenstrahlen sind verschwunden. Es wird kühl. Aranka weckt den Biber.
„Wach auf, Benny!“, sagt sie. „Ich glaube, das Wetter ändert sich.“
„Ach was!“, meint Benny schläfrig. „Die Sonne kommt bestimmt gleich wieder.“ Er dreht sich auf die Seite und schläft weiter.
Besorgt schaut Aranka nach oben: Viele Wolken ziehen über den Himmel. Sie läuft zur Reling. Das Ufer ist weit entfernt.
Das Hausboot schwimmt genau in der Mitte des Sees.
Da grummelt es. „Wach auf!“, ruft Aranka und zerrt Benny vom Liegestuhl. „Ein Unwetter kommt direkt auf uns zu!“
Ehe Benny richtig wach ist, hat sich der Himmel verdunkelt.
Überall sind schwarze Wolken. Es ist so finster, dass Benny und Aranka nichts mehr sehen. Aranka zückt ihren Zauberstab.
Ein schwacher Lichtschein flackert auf. Starker Wind peitscht Wellen über den See.
„Wir müssen, so schnell es geht, zum Ufer zurück!“, brüllt Aranka gegen den Wind an.
„Aber wie?“, fragt Benny. „Wo ist das Ufer überhaupt? Wir können nichts sehen. Woher sollen wir wissen, ob wir in die richtige Richtung fahren? Vielleicht drehen wir uns die ganze Zeit im Kreis und kommen nirgendwo an!“
„Ich hole besseres Licht“, ruft Aranka und läuft nach unten.
Sie holt ihren größten und dicksten Zauberstab.

Aranka stemmt den Zauberstab in die Höhe.
„Abrakadabra, wir brauchen mehr Licht!“, ruft sie beschwörend.
Ein Funkenregen blitzt auf. Er ist heller als das Licht des ersten Zauberstabs. Doch längst nicht hell genug, um den Weg zurück zum Ufer zu finden. Da zuckt in der Nähe ein Blitz über den Himmel.

Für einen kurzen Moment erleuchtet er die ganze Umgebung. Entsetzt erkennen Benny und Aranka, dass sie noch immer mitten auf dem See sind. Dann wird es wieder dunkel.
„Das reicht nicht!“, ruft Benny. „Wir brauchen mehr Licht!“
„Im Laderaum liegt noch eine alte Taschenlampe“, sagt Aranka, „vielleicht ist die stärker.“ Sie läuft nach drinnen, schiebt den Riegel zurück und klappt die Luke im Fußboden auf. Sonst gelingt ihr das nur mit Bennys Hilfe, doch heute hat Aranka Bärenkräfte. Sie klettert die Stufen hinab und wühlt in der Truhe gleich neben der Treppe.
„Nächster Versuch!“, brüllt Aranka, als sie mit der Taschenlampe wieder nach oben kommt. Das Heulen des Windes ist noch lauter geworden. Aranka versucht, die Taschenlampe anzuknipsen. Nichts geschieht. Wieder und wieder drückt sie auf den Knopf, aber es hilft nichts. „Das Ding geht nicht mehr!“, schreit Aranka. „Wir müssen uns etwas anderes einfallen lassen!“
„Beeil dich!“, ruft Benny. „Das Unwetter kommt näher. Es ist gefährlich, bei Gewitter auf dem See zu sein!“
„Das weiß ich auch!“, gibt Aranka zurück. „Ich hab's! Der Baumstumpf aus der Abstellkammer. Der wird uns helfen!“
Benny klammert sich an die Reling. „Der olle Baumstumpf?“, fragt er. „Was für eine verrückte Idee! Der gibt doch kein Licht!“
Doch Aranka ist schon wieder verschwunden. Sie rennt in die Abstellkammer und kniet sich vor den Baumstumpf. Er ist alt und verwittert und hat viele Löcher.
Aranka hält ein Tuch vor den Baumstamm und summt leise. Nach kurzer Zeit krabbeln Glühwürmchen aus den Löchern. Sie leuchten sanft und in der Kammer wird es hell. Aranka trägt das Tuch nach draußen.

Benny schaut auf den leuchtenden Stoff. „Ob das klappt?“, fragt er zweifelnd. Die ersten Glühwürmchen fliegen vom Tuch und werden sofort von einem Windstoß durch die Luft gewirbelt. „Es ist zu stürmisch!“, ruft Benny. „Die Glühwürmchen wehen weg!“
Schnell packt Aranka die Glühwürmchen wieder ein und bringt sie zurück in die Abstellkammer.
Betrübt klettert sie zurück an Deck. „Nun weiß ich auch nicht mehr weiter!“, ruft sie. „Wir haben einfach nicht genug Licht. Hätte ich nur den Lichtzauber geübt und nicht den Limonadenzauber. Selbst zwanzig Limonadenflaschen zusammen nützen uns jetzt nichts!“

RUMMS! Ein Donnerschlag lässt Aranka und Benny zusammenzucken. „Limonadenflaschen zusammen …“, denkt Benny laut. „Da müsste sich doch etwas machen lassen … Natürlich, das ist es! Zusammen – das ist das Geheimnis!“ Aranka starrt Benny an. Sie versteht überhaupt nichts.

„Nicht die Limonaden, sondern die Zauberstäbe zusammen“, ruft Benny. „Hol alle Zauberstäbe, die du hast. Und eine Schnur.“

Aranka flitzt sofort los.

Nach kurzer Zeit ist sie wieder da. Mit allen Zauberstäben, die sie gefunden hat. „Wo ist die Schnur?“, fragt Benny.

„Ach ja“, meint Aranka und zupft ein Band aus ihrem Haar.

Je mehr sie zupft, desto länger wird es. „Ich glaube, das reicht jetzt!“, sagt Benny. Geschickt knotet er den ersten Zauberstab an den zweiten und an dessen Spitze den dritten. Nun begreift auch Aranka, was Benny vorhat.

Es dauert nicht lange und sie haben alle Zauberstäbe miteinander verbunden. „Jetzt du!“, ruft Benny und drückt Aranka das Ende des Riesenzauberstabs in die Hand. „Abrakadabra!“, brüllt Aranka. „Wir brauchen Licht!“ Im selben Augenblick schießt ein bunter Lichtstrahl über das Wasser. An seinem einen Ende entdecken Aranka und Benny in der Ferne das Ufer. „Da entlang!“, ruft Aranka. Sie braucht viel Kraft, um den Riesenzauberstab im Sturm zu halten. Benny lenkt das Hausboot in Richtung Land.

Während dessen strahlt der Zauberstab ein helles Licht aus.

Endlich erreichen sie den Landesteg. „Geschafft!“, sagt Aranka erleichtert. „Das war knapp!“
Benny und Aranka vertäuen das Hausboot und laufen unter Deck. Draußen tobt noch immer das Unwetter. „Nach diesem Schrecken“, sagt Benny, „brauche ich jetzt dringend …“
„Eine große Limonade“, lacht Aranka. Sie schwingt den Riesenzauberstab und mit einem lauten Knall steht eine übergroße Limonade mitten im Zimmer.

Bunte Biberbrause

„Was rührst du denn da an?", fragt Aranka und steckt neugierig die Nase in den Kessel. „Biberbrause", antwortet Benny. „Du kannst sie gleich probieren."

Das brauchst du für die Biberbrause:

- einen Behälter für Eiswürfel
- verschiedene Fruchtsäfte (zum Beispiel Kirsch-, Apfel-, Orangen- oder Multivitaminsaft)
- eine Glaskaraffe
- Mineralwasser
- eine ungespritzte, gewaschene Orange

Fülle die verschiedenen Säfte vorsichtig in die Fächer des Eiswürfelbehälters, so dass sie sich nicht miteinander vermischen.

Stelle den Eiswürfelbehälter für einige Stunden, am besten über Nacht, in ein Eisfach oder einen Gefrierschrank.

Gib die gefrorenen Eiswürfel in eine Glaskaraffe und fülle sie mit Mineralwasser auf.

Schneide die Orange in Scheiben und lege einige Orangenscheiben auf die Wasseroberfläche.

Besonders an heißen Tagen ist die Biberbrause sehr erfrischend.

Das beste Schlafmittel der Welt

Es raschelt, dann seufzt es. Benny zieht sich die Bettdecke über den Kopf. Doch er hört die Geräusche von der anderen Seite der Kajüte immer noch. Es raschelt wieder – und seufzt. Rascheln, Seufzen – Rascheln, Seufzen … Schließlich gibt Benny auf: Er schlägt die Decke zurück. „Was ist los?“, fragt er.

„Ich kann nicht einschlafen“, sagt Aranka. „Ich wälze mich seit Stunden im Bett.“ Benny schüttelt den Kopf, aber das kann Aranka in der Dunkelheit nicht sehen. „Wir haben uns gerade erst hingelegt“, meint er.

„Mir kommt es vor, als wäre das ewig her“, stöhnt Aranka.

Sie greift zum Nachttisch. Dort liegt der Zauberstab, mit dem sie am liebsten nachts zaubert. Aranka schwingt den dunkelblauen Stab durch die Luft. Einmal, zweimal. Benny hört ein leises Rauschen, dann steigt ihm Pfefferminzduft in die Nase. Mit einem leisen PLING leuchten ihre Nachttischlampen auf.

Aranka sitzt mit dunklen Augenringen und zerrauften Haaren im Bett. „Ich hasse es, wenn ich nicht einschlafen kann." Benny seufzt und setzt sich ebenfalls auf. Er braucht dafür zwei Versuche, denn es ist nicht leicht, sich in einer Hängematte aufrecht hinzusetzen.
„Also gut", sagt er, „dann versuche es mit einem alten Rezept meiner Uroma: Schäfchen zählen."
„Hilft das?", fragt Aranka. „Ich hab schon davon gehört, aber es nie selbst ausprobiert." Benny kuschelt sich wieder in die Decke.
„Versuch's mal", murmelt er, „klappt bestimmt. Machst du vorher das Licht aus?" Aranka sucht den Zauberstab, der unter das Kopfkissen gerutscht ist. Die Lichter gehen aus. Benny wälzt sich noch einen Augenblick hin und her, dann schläft er ein.

MÄH. MÄÄÄH. MMMMÄH! Vor Schreck fällt Benny aus der Hängematte, als ein Schaf über seinen Bauch galoppiert. „22, 23, 24", zählt Aranka. „Warte, nicht so schnell! Ich hab dich noch nicht gezählt. 25."

Wütend rappelt sich Benny auf. „So geht das nicht!", ruft er. „So zählt man keine Schafe. Man stellt sie sich einfach nur vor, verstehst du? Niemand treibt echte Schafe durchs Schlafzimmer."

Aranka schüttelt verständnislos den Kopf: „Nur vorstellen? Es ist doch viel besser, wenn ich den Schafen eine Stimme gebe und sie nach

Gras und Wolle duften lasse!“ Beleidigt starrt sie an die Decke der Kajüte. „Ich kann immer noch nicht einschlafen!“
Benny kratzt sich am Kopf. „Na gut, dann probieren wir etwas anderes. Noch ein Rezept von meiner Uroma. Sie hat es *Das beste Schlafmittel der Welt* genannt.“ Müde schleppt er sich in die Küche. „Wir machen heiße Milch mit Honig“, sagt er, „das ist ein ganz tolles Schlafmittel.“

Aranka springt aus dem Bett. „Haben wir dafür alles?“ Sie wühlt im Schrank. „Was braucht man für den Schlaftrunk deiner Uroma?“
„Auf jeden Fall Milch.“
Doch so sehr sie auch suchen, es gibt keine Milch auf dem Hausboot.
„Macht nichts“, sagt Aranka und greift nach dem Besen. „Komme gleich wieder. Vor ein paar Tagen sind wir an einer Wiese mit Kühen vorbeigeflogen. Die geben mir bestimmt Milch.“
Bevor Benny etwas erwidern kann, ist Aranka verschwunden. Benny sieht gerade noch, wie sie sich auf den Besen schwingt, mit den Beinen von der Reling abstößt und in einem Funkenregen davonfliegt.
„Sie hätte wenigstens das Feuer anzünden können“, brummt Benny und starrt auf die kalte Feuerstelle. „Das ist schließlich Hexensache.“
Doch bevor er deshalb schlechte Laune bekommen kann, ist Aranka wieder da. Sie balanciert einen Krug Milch auf dem Besen.
„Milch-Lieferservice“, sagt sie fröhlich. „Was fehlt noch?“
Benny deutet zur Feuerstelle. „Richtig“, sagt Aranka, „das hatte ich vergessen.“
Sie greift nach ihrem orangefarbenen Zauberstab, mit dem sie immer das Feuer anzündet. Knallrote Funken fliegen zischend ins Holz und schon brennt ein Feuer im Kamin.
„Jetzt brauchen wir noch Honig“, sagt Benny gähnend. Aranka springt auf den Küchenschrank und wühlt im obersten Regalfach. „Hier muss noch Honig sein. Hab erst vor sieben Jahren Bienenstichkuchen gebacken.“ Benny schüttelt sich. Sieben Jahre alter Honig? „Schmeckt der denn noch?“, fragt er. Da reißt Aranka die Hand zurück. „Aua!“, ruft sie und steckt den schmerzenden Finger in den Mund. Im Honigtopf ist nur noch ein kleiner Rest Honig – und in dem sitzt ein kleiner Honigbär.

HO

Er hat im Topf sieben Jahre Winterschlaf gehalten – und will jetzt nicht aufstehen. Er funkelt Aranka böse an. Honig tropft von seinen spitzen Zähnen.
„Ist ja gut", sagt Aranka, „behalte deinen Honig. Ich hole uns neuen."
Bevor Benny protestieren kann, springt Aranka aus dem Bullauge.
„Es ist mitten in der Nacht", ruft Benny, „wo gibt es jetzt Honig?"
Arankas Antwort kommt von weit her: „Bin gleich wieder da. Mach es dir am Feuer gemütlich. Neulich sind wir an einem Bienenstock vorbeigekommen. Dort frage ich mal nach."
Benny setzt sich vor das Feuer. Er schaut in die knisternden Flammen. Langsam fallen ihm die Augen zu. Gerade als er eingeschlafen ist, poltert es neben ihm. „Ups", lacht Aranka, „das war knapp. Hat ein bisschen länger gedauert, den Bienenstock im Dunkeln zu finden. Aber die Bienen haben mir Honig gegeben. Was brauchen wir noch?"
Benny gähnt und streckt sich. „Noch eine Prise Zimt, dann können wir den Schlaftrunk kochen."
Aranka zieht den Teppich zurück. Unter einer Staubwolke kommt eine Luke zum Vorschein. „Fass mal mit an!" Gemeinsam ziehen und zerren sie, bis sie endlich den Riegel zurückschieben können und die Luke mit einem lauten Knall aufklappt. Benny schaut ins Dunkel des Schiffsbauches. Irgendwo raschelt es. Ein kalter, modriger Geruch steigt ins Zimmer. Aranka und Benny fahren zusammen, als draußen das „Schuhu" eines Käuzchens ertönt. „Wie lange waren wir nicht mehr bei Nacht unten?", wispert Benny.
„Eine halbe Ewigkeit", flüstert Aranka. „Was soll's? Wir brauchen Zimt. Sonst schlafe ich nie ein. Komm mit!" Ihr Zauberstab strahlt milchig-weiß. „Wie draußen bei Vollmond", denkt Benny beklommen, „nur ist es hier viel gruseliger." Dann folgt er Aranka die glitschigen Stufen hinunter.

Die beiden schleichen an riesigen Holztruhen, Fässern, denen ein stechender Geruch entsteigt, und unförmigen Paketen vorbei. Benny kommt es so vor, als zischelte und kicherte es überall. Doch wenn er sich umdreht, ist nichts zu sehen.
Aranka stößt sich die Nase an einem Gegenstand. Sie leuchtet in das goldene Gesicht des Mumiensargs. „Der Sarg ist ja auch noch hier!", staunt Aranka. „Ich dachte, wir hätten ihn längst verschenkt."

„Mach schnell!“, drängt Benny seine Freundin. „Ich will zurück in meine Hängematte und endlich weiterschlafen!“
„Ist ja gut“, sagt Aranka und gibt Benny den Zauberstab. „Halt mal. Hier muss irgendwo der Vorrat an Gewürzen sein.“ Sie wühlt in einer Kiste. „Da, ich hab's!“
Aranka hält ein braunes Päckchen hoch. „Jetzt machen wir den Schlaftrunk. Uuaah!“, gähnt sie.
Eilig huschen die beiden die Treppe hinauf und verschließen die Luke. Aranka hängt den Kessel über das Feuer. Dabei gähnt sie die ganze Zeit.
Sie gießt die Milch in den Kessel. „Uuaah! Benny, mach du den Rest“, sagt sie, „ich bin plötzlich so … Uuaah!“ Aranka wankt ins Bett und schließt die Augen. „Ich bin auf einmal so müde“, murmelt sie, „es war so anstrengend, die Zutaten für den Schlaftrunk zu besorgen. Deine Uroma hatte Recht: Das ist wirklich das beste Schlafmittel der Welt.“
Benny rührt Honig und Zimt in die heiße Milch. Dann gießt er den Schlaftrunk in einen Becher und bringt ihn Aranka.
Er sieht nur noch ihre Nasenspitze zwischen den Kissen – und hört lautes Schnarchen. „Das gibt's doch nicht!“, sagt Benny. Er setzt sich vor das Feuer und nimmt einen Schluck heiße Milch. Köstlich!
Doch seltsam: Irgendwie ist Benny jetzt hellwach …

Bennys Schlaftrunk

Früh am nächsten Morgen weckt Aranka den Biber auf. „Benny, ich habe wunderbar geschlafen!“, ruft sie. „So gut wie schon lange nicht mehr. Aber warum liegst du denn auf dem Fußboden?“
Benny reckt und streckt sich. „Ich habe den ganzen Schlaftrunk allein ausgetrunken“, sagt er. „Und dann war ich so müde, dass ich es nicht mehr in meine Hängematte geschafft habe …“

Gieße die Milch in einen Kochtopf und erhitze sie auf dem Herd. Rühre die Milch währenddessen gut um, damit sie nicht anbrennt. Am besten lässt du dir dabei von einem Erwachsenen helfen.
Gieße dann die warme Milch in einen großen Becher. Rühre den Zimt und einen oder zwei Teelöffel Honig unter die Milch, bis der Honig sich aufgelöst hat.

Wo steckt der zweite Kessel?

Für dieses Spiel braucht ihr:

- weißen Tonkarton
- eine Schere
- Stifte
- Wasserfarben
- Pinsel
- durchsichtige Klebefolie

Vor dem Einschlafen spielen Benny und Aranka ein Bilder-Such-Spiel.

Zeichnet 22 gleich große Karten auf weißen Tonkarton und schneidet sie aus. Malt immer auf zwei Karten das gleiche Motiv: zwei Zauberstäbe, zwei Hexenhüte, zwei Besen, zwei Steine, zwei Kessel, zwei Blätter … Anschließend malt ihr alle Rückseiten mit roter Wasserfarbe an. Wenn die Farbe getrocknet ist, überzieht ihr die Spielkarten mit durchsichtiger Klebefolie.

Legt die Spielkarten mit der Rückseite nach oben auf den Tisch. Mischt die Karten, dann kann das Spiel beginnen.

Ein Spieler deckt zwei Karten auf und wieder zu. Entdeckt er zwei gleiche Spielkarten, darf er dieses Paar behalten und gleich noch einmal zwei weitere Karten aufdecken. Andernfalls ist der nächste Spieler an der Reihe.

Der verflixte Teppich

„Aua!“ Aranka ist über die Teppichkante gestolpert und mit dem Kopf gegen den Bettpfosten geprallt. „Verflixt!“, ruft sie. „Seit wann liegt denn der Teppich hier?“ Benny runzelt die Stirn. Er kniet auf dem Boden und ist gerade dabei, den Teppich auszurollen. „Seit jetzt“, antwortet er gereizt. „Und wenn du einmal die Augen aufmachen würdest, wäre dir das nicht passiert.“

Aranka will energisch protestieren, doch Benny sagt schnell: „Lass uns nicht streiten. Schau dir lieber mal den Teppich an. Sieht er nicht wunderschön aus? Dieses Muster! Diese Farben! Und fühl mal, wie weich er ist.“

Aranka kniet sich ebenfalls hin und streicht über den Teppich. „Stimmt, der ist wirklich weich“, gibt sie zu. „Woher hast du ihn eigentlich?“

„Gefunden“, sagt Benny.

„Gefunden?“, wiederholt Aranka. „Einfach so?“

„Ja“, sagt Benny. „Ich habe ihn heute Morgen am Ufer entdeckt. Er lag dort zusammengerollt im Sand. Und niemand war weit und breit zu sehen. Also habe ich ihn mitgenommen.“

„So ein schöner Teppich!“, sagt Aranka. „Ob ihn jemand verloren hat?“

„Keine Ahnung“, meint Benny. „Ich hoffe nicht. Für alle Fälle habe ich aber eine Nachricht unter einen Stein gelegt. Wenn jemand den Teppich vermisst, kann er sich ja bei uns auf dem Hausboot melden.“

„Und bis dahin“, lacht Aranka, „wärmt er uns morgens beim Aufstehen die Füße.“

Sie will den Teppich ganz ausrollen, doch Benny kommt ihr zuvor. Schwungvoll schlägt er den Teppichrand zurück.

Im selben Augenblick hebt der Teppich vom Boden ab.

Benny erschrickt, verliert das Gleichgewicht und fällt auf den in der Luft schwebenden Teppich.

„Hilf mir!“, ruft er.

Aranka springt hoch, doch sie erreicht Benny nicht mehr. Der Teppich ist schon viel zu weit oben. Benny krallt sich am Teppichrand fest. Er zieht an einer Ecke. Daraufhin macht der Teppich eine rasante Wendung. Dann rast er in die entgegengesetzte Richtung. Benny kreischt auf.

Er zieht an der anderen Ecke. Nun fliegt der Teppich im Kreis herum und Benny stößt sich den Kopf an der Lampe. Aranka läuft hinter dem Teppich her. Als sie noch einmal hochspringt, bekommt sie einen Zipfel zu fassen. Doch in dem Moment, in dem sie daran zieht, ändert der Teppich erneut die Richtung.

Er fliegt zur Treppe. „Arankaaaa!“, schreit Benny. Dann verschwindet der Teppich mit dem Biber.

Aranka nimmt ihren Besen und läuft hinterher. „Ich komme, Benny!“, ruft sie. „Halte dich gut fest!“ Sie springt auf den Besen und fliegt los. Der Teppich gleitet blitzschnell durch die Luft.

„Mir wird schwindlig!“, ruft Benny. Er hält sich die Augen zu und kauert regungslos auf dem Teppich.

Aranka schaltet den Zauberturbo ein. Endlich gelingt es ihr, Benny einzuholen. Jetzt fliegt sie direkt neben ihm.

„Benny“, ruft Aranka, „spring zu mir!“ Doch Benny hört nicht auf sie. Er hockt laut stöhnend auf dem Teppich. „Sieh mal, Benny, ich fliege direkt neben dir“, versucht Aranka es noch einmal. „Du brauchst nur zu springen. Ich fange dich auf. Versprochen!“

Doch Benny schüttelt nur schwach den Kopf. „Ich kann mich nicht bewegen“, wimmert er. „Mir ist zu schwindlig. Ich habe Angst!“

Aranka seufzt. „In Ordnung“, sagt sie, „dann komme ich zu dir. Achtung, es geht los!“ Sie stößt sich vom Besen ab und springt hinüber zu Benny.

Unsanft landet Aranka auf dem Teppich, der bedenklich schwankt und nach unten sackt. Fast berührt er dabei die Wasseroberfläche.
„Aranka!“ Benny klammert sich an seine Freundin. „Bring uns hier weg. Ich will sofort herunter! Dieser verflixte Teppich!“, jammert er.
„Ist ja gut, Benny!“, sagt Aranka und streichelt ihn. „Jetzt schaue ich erst einmal, wie wir mit diesem Ding am besten umgehen.“
Es dauert eine Weile, bis Aranka die richtigen Fransen findet, um den Teppich steuern zu können. Bis es so weit ist, hüpft und bockt der Teppich gefährlich hin und her.
„Da vorne ist ein Sandstrand“, ruft Aranka. „Dort versuche ich zu landen.“
„Ist gut“, sagt Benny leise. Er ist grün um die Nase und atmet flach.

„Mach schnell!“
„Keine Sorge“, sagt Aranka stolz. „Jetzt habe ich alles verstanden. Es geht ganz einfach.“ Sie zieht kurz hintereinander an vier Fransen und tatsächlich: Der Teppich gleitet sanft nach unten.
„Wirklich überhaupt kein Problem“, sagt Aranka, als der Teppich endlich kurz über dem Boden anhält.
Doch gerade als sie elegant abspringen will, bäumt sich der Teppich auf. Laut kreischend fällt Benny auf Aranka. Zusammen rutschen sie vom Teppich und fallen auf die Erde.
„So ein Mist!“, brüllt Aranka. Sie schüttelt die Faust und droht dem davonrasenden Teppich. Kurz darauf ist der verschwunden.
„Ich dachte, jetzt könnte ich ihn endlich steuern“, sagt Aranka enttäuscht. „So ein fliegender Teppich ist anscheinend schwer zu zähmen“, tröstet Benny sie. Ihm geht es schon viel besser.
„Und wie kommen wir jetzt wieder nach Hause?“

„Wenigstens das ist kein Problem“, sagt Aranka. Sie pfeift laut auf zwei Fingern. Es dauert nicht lange und ihr Besen kommt angeflogen. „Bitte aufsteigen“, sagt Aranka und verbeugt sich.
„Gern“, lächelt Benny und klettert auf den Besen. „Ich werde mich nie mehr über deinen Besen beschweren, wenn ich mit dir fliege. Und ich bringe nie wieder einen Teppich mit nach Hause. Zumindest nicht so einen!“
Aranka klopft Benny auf die Schulter. „Du konntest ja nicht wissen, dass es ein fliegender Teppich ist“, meint sie. „Aber weißt du was: Ich glaube nicht, dass sich jemand meldet, der diesen verflixten Teppich vermisst.“

Teppichzauber

Für dieses Spiel braucht ihr:

- einen kleinen Teppich oder ein Tuch
- viele verschiedene Gegenstände, zum Beispiel Spielfiguren, Murmeln, Spielzeugautos, Steine, Federn

Bei diesem Spiel ist eure Beobachtungsgabe gefragt! Schaut genau hin und merkt euch, was unter den Teppich gekehrt wurde.

Alle Gegenstände werden auf den Teppich gelegt. Schaut euch alles gut an. Wählt einen Spieler aus, der den Teppichzauber ausführen soll. Die übrigen Mitspieler schließen für einen Moment die Augen. Der Teppichzauberer legt einen Gegenstand unter den Teppich. Auf sein Zeichen öffnen alle Spieler die Augen. Wer errät, was unter den Teppich gezaubert wurde? Dieser Spieler darf in der nächsten Spielrunde etwas verstecken.

Der Zauberbrief

Aranka reißt die Tür auf und stürmt in die Kajüte. Die Tür schlägt knallend wieder zu. Dabei fällt der Beutel mit dem Golfzauberspiel vom Haken. Die kleinen Kugeln rollen über den Boden.
„Guck mal, Benny, wir haben Post bekommen!", jubelt Aranka.
Benny liest gerade die Morgennachrichten. Neugierig schaut er auf.
Aranka wedelt mit einem Umschlag vor seiner Nase, auf dem steht:
An Aranka (Hexe) und Benny (Biber).
„Von wem der Brief wohl ist?", fragt sie.

„Mach ihn auf, dann erfahren wir es“, sagt Benny. Aranka nimmt das Brotmesser vom Tisch und sticht es vorsichtig in den Briefumschlag. „Huch!“, sagt Aranka. „Ich bin abgerutscht!“ Sie sticht noch einmal in das Papier. „Nanu“, meint sie überrascht. „Es hat wieder nicht geklappt!“ Erneut ist das Messer abgerutscht. „Dann eben anders“, sagt Aranka. Sie wühlt in der Küchenschublade und holt einen hellgrünen Zauberstab heraus, der an einem Ende spitz ist. „Abrakadabra. Brief, öffne dich!“, ruft sie und schwingt den Zauberstab. Einmal, zweimal. Dann versucht sie, den Brief mit der Spitze zu öffnen. Es zischt – und der Brief liegt unversehrt auf dem Küchentisch.
„Hast du das gesehen?“, fragt Benny. „Das ist kein gewöhnlicher Brief.“
„Das glaube ich auch“, murmelt Aranka.
Benny betrachtet die fein geschwungenen Buchstaben.
„Kommt dir die Schrift bekannt vor?“, fragt er.
„Weiß nicht“, sagt Aranka und fährt mit dem Finger erst das A, dann das B nach.
„Feuer!“, sagt Benny. „Lass uns das mal probieren.“ Er läuft mit dem Umschlag zum Kamin und hält ihn dicht über die Flammen. Gebannt starren die beiden auf den Umschlag. „Bestimmt öffnet die Hitze den Brief gleich“, versichert Benny.
Doch stattdessen riecht es verbrannt in der Kajüte.
„Nicht doch!“, ruft Aranka. „Du sollst den Brief öffnen, nicht anzünden!“
„Mache ich doch gar nicht!“ Benny ist empört.

In diesem Moment fängt der Brief an einer Ecke an zu brennen. Benny holt mit dem Schwanz aus und schlägt das Feuer hastig aus, bevor der Brief ganz in Flammen aufgeht.
Er schnuppert. „Riecht nach …" Er schnuppert noch einmal.
„Es riecht nach frisch gekochtem Pflaumenmus!"
„Stimmt", sagt Aranka. „Normale Briefe riechen nicht so.

Eins ist sicher: Dies ist ein magischer Brief. Jemand, der zaubern kann, hat ihn uns geschickt. Nur wer?"
Bennys Magen knurrt, dabei hat er eben erst gefrühstückt.
Bevor Aranka ihn davon abhalten kann, schnappt er sich den Brief.
Er schnuppert noch einmal, dann beißt er hinein.
„Benny!", kreischt Aranka.
„Aua!" Benny lässt den Brief wieder fallen. „Das tut weh!", jammert er. „Das Papier ist hart wie Stein. Ich dachte, ich kann den Brief aufbeißen."
Doch der Brief ist unversehrt. Auch der Brandfleck ist verschwunden.
„Das gibt's doch nicht!", schimpft Aranka. Sie reißt das Hexenlexikon

vom Regal und blättert darin herum. „Hier: Zauberbriefe siehe Seite 133.“ Schnell schlägt sie das Buch an der angegebenen Stelle auf. „So ein Pech!“, beschwert sich Aranka. „Ausgerechnet diese Seite fehlt.“ Sie zeigt Benny das Buch, aus dem die Seite 133 herausgerissen ist.

„Dann müssen wir uns etwas anderes einfallen lassen“, sagt Benny.

„Das mit dem Feuer hat nicht geklappt“, überlegt Aranka. „Wie wäre es mit Wasser?“ Sie bindet eine Schnur an den Brief, öffnet das Bullauge und hängt den Brief in den Fluss. „Vielleicht weicht er auf und wir können ihn dann öffnen.“

„Aber was ist, wenn wir die Schrift nicht mehr lesen können?“, wendet Benny ein.

Neugierig schwimmt ein Fisch heran und sperrt das Maul auf. Bevor er in den Brief beißen kann, zieht Aranka ihn schnell wieder hoch.

„Sei bloß froh, Kumpel“, sagt Benny. „Sonst hättest du bestimmt deine Zähne verloren.“

Aranka nimmt den Brief von der Angel. Er ist trocken und verschlossen. Wütend wirft sie ihn in eine Ecke.

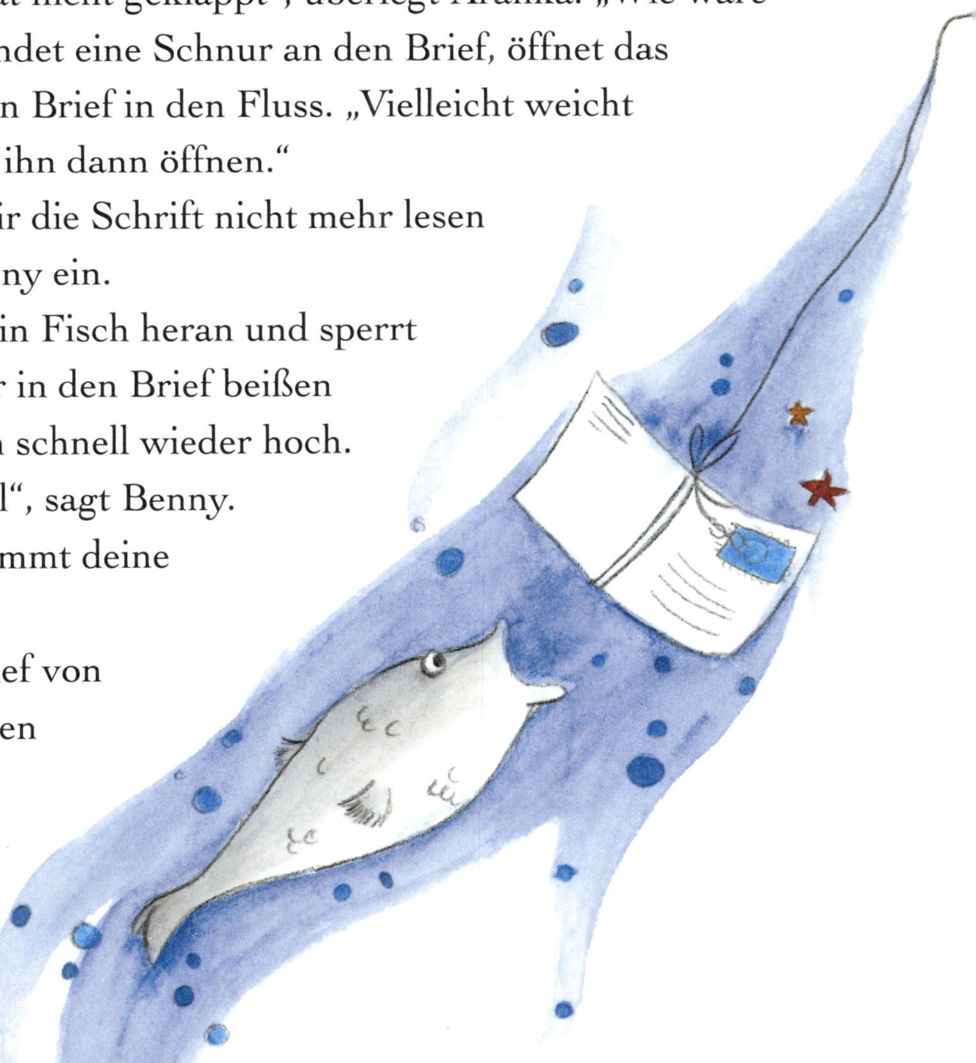

„Mir reicht's!", ruft sie. „Wenn sich der blöde Brief nicht öffnen lässt, will ich ihn auch gar nicht lesen."

Den ganzen Vormittag schaut Benny immer wieder in die Ecke, in der der Brief liegt. Aranka tut so, als gäbe es ihn gar nicht. Doch am Nachmittag fragt Benny: „Riechst du das auch?" Aranka nickt. „Schon wieder Pflaumenmus! Soll ich mal nachsehen?" Aranka zuckt mit den Schultern. „Meinetwegen!"

Benny läuft zu dem Brief. „Sieh mal!“, ruft er und zeigt Aranka den geöffneten Umschlag. Staunend holt Aranka einen Zettel heraus. Gerade als sie ihn vorlesen will, poltert etwas auf dem Deck des Hausbootes. Dann klopft es an der Tür.
„Erwarten wir Besuch?“, fragt Benny.
„Eigentlich nicht“, sagt Aranka. Da geht die Tür auf und Arankas Tante Miranda steht in der Kajüte.
„Ah, wie ich sehe, habt ihr meinen Brief erhalten“, sagt sie und gibt Aranka zur Begrüßung einen Kuss. „Ich wollte euch vorher Bescheid sagen, dass ich komme.“
„Ja“, antwortet Aranka, „das ist wunderbar, aber wir konnten den Brief nicht öffnen.“
„Habe ich doch gleich gesagt!“, krächzt Mirandas Krähe Silke, die auf ihrer Schulter sitzt. „Wann ist der Brief angekommen?“
„Heute früh“, sagt Benny.

„Heute Morgen erst?“, fragt Miranda erstaunt.
„Aber der Brief sollte doch schon vor zwei Tagen eintreffen. Ich habe ihn extra mit dem Beschleunigungszauber versehen.“
„Da siehst du es!“, ruft Silke. „Du bist immer so zerstreut. Statt des Beschleunigungszaubers hast du den Verschließungszauber angewendet.“
„Tja“, meint Miranda. „So etwas kann mal passieren. Jedenfalls sind wir alle da. Und wie ich euch geschrieben habe, bringe ich selbst gebackenen Pflaumenkuchen mit.“
Wenig später sitzen alle vier um den gedeckten Tisch. Aranka holt das Kuchenmesser und schneidet den Kuchen in Stücke.

Erwartungsvoll beißt Benny in ein Kuchenstück. „Autsch! Mein Zahn! Der Kuchen ist ja aus Stein!“, jammert er.
„Huch!“, sagt Miranda. „Da habe ich wohl etwas übertrieben. Ich habe den Pflaumenkuchen fester gezaubert, damit er mir auf der Reise hierher nicht zusammenfällt.“
Silke bedeckt die Augen mit ihren Flügeln und seufzt.
„Haltbar ist er ja“, meint Aranka. „Aber wie essen wir ihn jetzt?“
Miranda holt ihren Zauberstab heraus und murmelt einige Zaubersprüche. Zögernd probiert Benny ein winziges Stückchen Kuchen. „Köstlich!“, murmelt er. „Genau das Richtige nach einem Tag voller verhexter Zaubersprüche.“

Verzauberte Botschaft

Um eine geheime Nachricht zu verfassen, brauchst du:

- eine Zitrone
- eine Zitronenpresse
- einen Pinsel
- ein Blatt Papier (weiß)
- ein Teelicht

Tante Miranda hat den Brief an Aranka mit einem Zauber versehen, so dass er nicht so leicht zu lesen ist. Du kannst auch einen Zauberbrief verfassen, den nur Eingeweihte lesen können.

Presse die Zitrone aus.

Schreibe deine Botschaft mit dem Zitronensaft auf das Papier.

Halte das Papier in einigem Abstand über die Flamme des Teelichtes. Mach dies nur zusammen mit einem Erwachsenen! Die Hitze der Kerze verfärbt den Zitronensaft und die Botschaft erscheint auf dem Papier.

Es gibt auch andere Möglichkeiten, mit deinen Freunden Geheimbotschaften auszutauschen. Du kannst zum Beispiel Arankas Hexenalphabet verwenden.

Jedes Symbol steht für einen Buchstaben. Mit etwas Übung kannst du bald kurze Nachrichten verfassen.

Kannst du entziffern, was hier steht?

Lösung: Aranka und Benny sind die besten Freunde.

Schattenmalereien

Es ist schon spät. Das Feuer knistert im Kamin und wirft lange Schatten. Benny und Aranka malen mit Händen, Pfoten und Schwanz Schattenbilder an die Wand der Kajüte.

Schalte die Lampe ein und halte die Hand vor den Lichtschein, so dass ein Schatten an der Wand erscheint. Forme mit den Händen verschiedene Figuren, zum Beispiel einen Ring oder einen Hasenkopf mit zwei zu einem V gestreckten Fingern. Du kannst auch deinen ganzen Körper einsetzen oder dir eine Geschichte zu den Schattenwesen ausdenken.

Welche Tiere erkennst du hier?

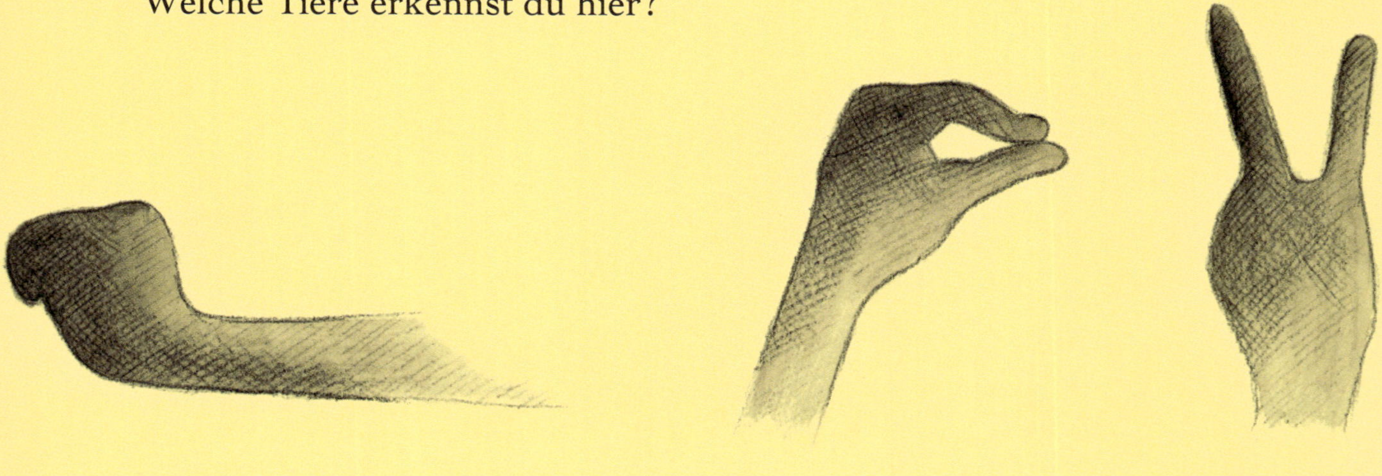

Lösung:

Hexenpost

Benny schreibt Aranka einen Brief.
Das Briefpapier hat er selbst gebastelt.
Das kannst du auch:

Beklebe ein Blatt Papier mit kleinen Bildern, die du aus Zeitschriften ausgeschnitten hast. Du kannst das Bild oben aufkleben und darunter den Text schreiben oder eine Girlande aus vielen kleinen Bildern aufkleben, die einmal um das Blatt Papier herumrankt.

Tauche eine alte Zahnbürste in Wasserfarbe. Streiche mit dem Finger oder einem Borstenpinsel über die Zahnbürste und fahre dabei über ein weißes Blatt Papier. Du kannst es in verschiedenen Farben sprenkeln. Achtung: Trage am besten alte Kleidung und verwende als Unterlage Zeitungspapier.

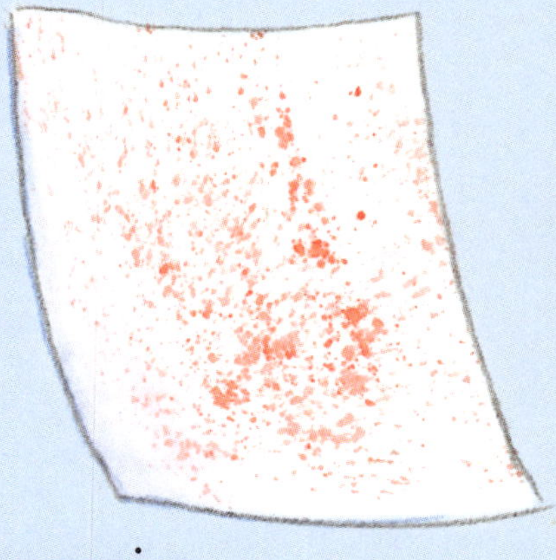